O FINAL DOS TEMPOS

as mudanças que transformam o mundo

Humberto Pazian

Nova Ortografia:

Livro revisado de acordo com o

Novo Acordo Ortográfico da Lígua Portuguesa.

Dados Internacionais de Catalogação na Publicação (CIP)
(Câmara Brasileira do Livro, SP, Brasil)

Pazian, Humberto
    O Final dos Tempos : as mudanças que transformam o mun-
do/ Humberto Pazian. – Catanduva,
SP : Instituto Beneficente Boa Nova, 2009.

ISBN 978-85-99772-30-0

    1. Espiritismo - Filosofia 2. Fim do mundo 3. Profecias
I. Título.

09-05911   CDD-133.901

Índices para catálogo sistemático:
1. Espiritismo 133.901
1. Fim do Mundo: Doutrina Espírita 133.901

Impresso no Brasil/*Presita en Brazilo*

Humberto Pazian

O FINAL DOS TEMPOS

as mudanças que transformam o mundo

Instituto Beneficente Boa Nova
Entidade coligada à Sociedade Espírita Boa Nova
Av. Porto Ferreira, 1.031
Catanduva/SP | CEP 15809-020
www.boanova.net | boanova@boanova.net
Fone: (17) 3531-4444

1ª edição
10.000 exemplares
Julho/2009

© 2009 by Boa Nova Editora.

Capa
Direção de arte
Francisco do Espírito Santo Neto

Designer
Jéssica Ferreira Sales

Revisão
Maria de Lourdes Pio Gasparin

Editoração eletrônica
Jéssica Ferreira Sales

Todos os direitos estão reservados.
Nenhuma parte desta obra pode ser
reproduzida ou transmitida por qualquer
forma e/ou quaisquer meios (eletrônico
ou mecânico, incluindo fotocópia e
gravação) ou arquivada em qualquer
sistema ou banco de dados sem
permissão escrita da Editora.

O produto da venda desta obra é
destinado à manutenção das atividades
assistenciais da Sociedade Espírita Boa
Nova, de Catanduva, SP.

Sumário

Prefácio 9
O Mundo 15
Predições 21
Profecias 27
O Maior profeta 33
A Preparação 37
Exemplos 43
O Isolamento 49
A Mensagem 55
Nosso mundo 61
Sintonia 69
Falsos Profetas 77
Transições 83
Referência Doutrinária 89

Capítulo 01

Prefácio

*"O que vês, escreve-o num livro e
envia-o às sete igrejas que estão na Ásia."
(Apocalipse 1:11)*

O mundo em que vivemos torna-se, a cada instante, mais conhecido por todos os seus habitantes e muito mais compacto. Um ato realizado em um extremo do planeta torna-se conhecido e reflete-se instantaneamente no outro extremo.

Um indivíduo, um grupo, uma cidade ou um povo não pode isolar-se dos demais, pois todos necessitamos uns dos outros, e nossos pensamentos e atos afetam, de uma forma ou outra, a todos os habitantes do planeta.

Os meios de comunicação aperfeiçoam-se e desenvolvem-se a cada dia e o homem começa a compreender o planeta como sua morada, seu grande lar, e a perceber a necessidade da união entre todos para a perfeita paz e harmonia.

O interesse pela natureza e pela "defesa ecológica", antes desbravado por raros visionários, hoje é matéria estimulada por sensatos educadores, nos primeiros anos de ensino nas escolas, e tema de debates e pesquisa em diversas regiões do planeta. A fraternidade entre os homens torna-se cada vez mais necessária e preeminente. E a relação entre a natureza, o planeta e Deus tem se mostrado mais presente. O respeito e a devoção a Deus têm preenchido a mente de muitos religiosos e místicos da atualidade. E nesse momento, em que correntes vibratórias de encorajamento e elevação emanadas pelo Alto pairam na atmosfera do nosso orbe, envolvendo e estimulando os homens de boa fé às sagradas virtudes do Espírito, correntes contrárias, negativas e destrutivas tentam, por sua vez, prejudicar a raça humana, impregnando muitas mentes despreparadas e invigilantes, levando-as à negatividade, à inércia e ao abandono dos valores morais e evolutivos do Ser.

Nesse aparente caos vibratório, em que emoções e sentimentos se chocam, fragmentando-se pelo éter, algumas vozes, interpretando as escrituras e os visionários do passado, trazem à baila um temido e alarmante assunto: o fim do mundo ou o final dos tempos.

Na época em que, pela contagem terrena, iniciamos o terceiro milênio, e pelas inúmeras predições que místicos, médiuns, e também, infelizmente, alguns farsantes realizam quanto a esse momento, necessária se faz uma consciente e ponderada reflexão, sob a luz da codificação espírita, trazendo-nos a clareza do conhecimento intuitivo, alicerçado na razão e na verdade.

Pelo vasto material de estudo que a

Doutrina dos Espíritos nos concede, é possível traçarmos um caminho, uma linha na qual o raciocínio, aliado à intuição espiritual, dar-nos-á as conclusões necessárias ao entendimento do assunto em questão.

Para participarmos juntos do estudo e análise de tema tão importante, é sugerido que se leia cada capítulo desta obra com atenção e que se permita uma ligeira meditação a respeito, para que a voz interior, o conhecimento intuitivo de cada um, possa, com a Graça Divina, manifestar-se.

Capítulo 02

O Mundo

*"...e nos fez reis e sacerdotes para Deus e seu Pai,
a ele, glória e poder para todo o sempre."
(Apocalipse 1:3)*

Uma reflexão deve ser feita para verificarmos o que cada um de nós entende por mundo...

No início de nossa civilização, os seres humanos aglomeravam-se em pequenos grupos, formando aldeias, ou em um grupo um pouco maior, formando pequenos povoados. Limitavam-se a esse território, extraindo dele seu sustento e abrigo e, unidos, sentiam-se protegidos contra as forças conhecidas e contrárias ao bem-estar geral, tais como: fome, animais selvagens, frio e outros problemas que envolviam a coletividade. Mas sentiam verdadeiro pavor com relação aos fenômenos da natureza, como o trovão, o relâmpago, os terremotos, as tempestades e os fortes ventos, que fugiam de sua limitada compreensão. Com certeza, nesses momentos em que o ar se modificava e a eminência de uma tempestade se apresentava, os homens pressentiam-na e a aguardavam com muito medo, desconhecendo todo o processo vital para o planeta, decorrente das chuvas, que hoje conhecemos.

Nesses momentos supunham que seu mundo, aquele pequeno espaço do planeta em que viviam, terminaria. O medo do desconhecido e do inimaginável os envolvia.

A humanidade evoluía em entendimento, e com ele também evoluíam as necessidades. Deixando os reduzidos espaços territoriais que ocupavam, herdados de seus ancestrais, muitos grupos uniram-se e resolveram transpor os limites demarcados pela tradição e aventuraram-se pelo desconhecido. Foram os primeiros povos nômades que expandiram a raça humana pela face do planeta.

A evolução foi lenta, mas contínua. Juntando-se e dividindo-se, convivendo em paz e guerreando, os povos formaram leis e normas segundo o entendimento de cada grupo.

Muitos indivíduos, previamente selecionados pelos espíritos encarregados da evolução do planeta, reuniram-se para estudar e compreender melhor os fenômenos que temiam e, por isso, respeitavam. Grupos de homens com tendência à pesquisa e facilidade de compreensão foram selecionados e uma nova fase impulsionava a humanidade.

Os fenômenos da natureza começaram a ser em grande parte compreendidos pelos homens, que passaram a utilizar seus ciclos de forma consciente e produtiva, principalmente na agricultura. Isso trouxe maior tranquilidade aos povos, mas o receio, o medo do sobrenatural, do desconhecido, ainda era forte no inconsciente de todos.

Infelizmente, o conhecimento adquirido

pelo estudo consciencioso das leis naturais e espirituais de alguns homens preparados para tal, por motivos políticos e de poder, foi ocultado aos demais e, por isso, os fenômenos da natureza e o universo como um todo continuaram trazendo ainda medo e criando muitas superstições nas coletividades.

Grupos formados por interesses afins e até mesmo estudantes solitários já observavam as estrelas, mapeando-lhes seus trajetos, e a relação entre o céu e a terra. Através dessa observação verificaram constância de alguns fatores e daí surgiram então as primeiras previsões.

Capítulo 03

Predições

*"Ficarão de fora os cães e os feiticeiros, e os que
se prostituem, e os homicidas, e os idólatras,
e qualquer que ame e comete a mentira."
(Apocalipse 22:15)*

Algumas descobertas da humanidade aceleraram sensivelmente sua evolução: a invenção da roda, a utilização do fogo para forjar os metais, a construção de grandes embarcações e muitas outras. Cansativo seria enumerá-las.

Mas, entre tantas, podemos citar ainda o conhecimento dos astros e seu inter relacionamento com nosso planeta, que data de muitos séculos como uma das mais importantes observações do homem. Sua consequente utilização prática é uma forma expressiva de demonstrar a unidade do Cosmo.

Muito antes da Era Cristã, a ciência dos astros já era estudada e utilizada por muitos interessados no assunto, iniciados nas escolas secretas do antigo Egito e por sacerdotes de diversas outras religiões que, observando pacientemente o mapa estelar, rastreavam a olho nu a caminhar dos astros e seus passeios cósmicos.

Usando uma análise comparativa, esses estudiosos observaram que determinadas posições dos planetas formavam uma conjunção que, de certa forma, "influenciavam" alguns fenômenos da natureza, e desta maneira, consequentemente, alguns fatos mundanos. Verificaram também que essas conjunções repetiam-se em determinadas épocas. Através de estudos e precisos cálculos matemáticos, puderam realizar, então, previsões, ou seja, usando suas observações racionais e seus cálculos, puderam saber antecipadamente o que, supostamente, poderia ocorrer.

Nada havia de anormal ou de extraordinário nessas previsões. É importante observar que, embora muitos estudassem os mesmos mapas estelares e utilizassem fórmulas matemáticas semelhantes, havia muitas discordâncias em suas predições. Alguns estudiosos dos astros, ou astrólogos, faziam mais acertadamente suas análises sobre os acontecimentos futuros do que outros devido à inspiração e à intuição diferenciadas.

Vale ressaltar que na época a que nos referimos, séculos antes da era cristã, não eram muitos homens que se dedicavam a esta tarefa. Por isso eram considerados nos meios mais cultos como grandes estudiosos e sábios; e aos olhos das pessoas do povo, pessoas mais comuns, eram vistos como magos, adivinhadores dotados de poderes mágicos. Daí serem respeitados, reverenciados e temidos.

Como sempre acontece em qualquer época da humanidade e em todos os setores do conhecimento, havia alguns que estudavam e faziam suas previsões por amor à ciência e à vida, sentindo-se felizes por prestarem um serviço digno aos seus povos. Com isso, sentiam-se mais próximos da Divindade.

Outros, entretanto, sentindo-se alvos da bajulação, do respeito de muitos e também de certo temor dos demais com relação aos seus supostos poderes, faziam uso de seu conhecimento para dominar os mais incultos, e com isso atraírem para si fama, poder e riqueza, fazendo de suas predições, quase sempre forjadas, apenas um pretexto para servir aos seus objetivos egoísticos.

Capítulo 04

Profecias

"E eis que cedo venho, e o meu galardão está comigo para dar a cada um segundo a sua obra."
(Apocalipse 22:12)

Sei que é difícil de concebermos algo assim, mas temos que aceitar que nosso cérebro ainda não consegue compreender muitas coisas que existem e convivem conosco, ainda mais em relação ao Criador e ao Universo. A máxima "Nunca houve um começo e nunca haverá fim" fica ainda muito longe do nosso raciocínio e entendimento, ou seja, Deus, sua criação e a eternidade serão compreendidos com o tempo, à medida que evoluirmos e nos sintonizarmos com a Divindade.

Quanto a esse assunto, as religiões divergem com relação ao tempo e à maneira como o mundo foi criado, mas todas concordam que ele foi feito pelo Altíssimo e estará sempre sob sua direção.

Pela filosofia espírita entendemos que, desde o início de nosso planeta, toda e qualquer atividade evolutiva foi observada e comandada por Deus, através de seus emissários, espíritos angelicais atuantes em uma hierarquia gloriosa, dirigidos pelo espírito conhecido por nós como Jesus.

Cada mínimo detalhe da evolução do planeta foi cuidadosamente planejado e executado pelos engenheiros siderais, e não apenas a constituição física do orbe, mas também todo o planejamento evolutivo das espécies vivas.

O homem, um ser dual, matéria e espírito, enquanto em vida neste planeta, é o objetivo principal da criação, e tem do Alto, desde o início, uma criteriosa e firme direção. Já em remotos tempos, alguns se sobressaíram por serem dotados de uma certa sensibilidade, ou de uma intuição mais aguçada sobre o que entendemos como mundo espiritual.

Os dirigentes espirituais do nosso planeta, sempre que necessário, utilizavam-se desses intermediários para enviar suas mensagens e, com isso, orientar e sinalizar os rumos corretos à humanidade desorientada.

Alguns acontecimentos futuros eram então, por inspiração divina, revelados a esses intermediários. Esses reveladores, ou profetas, recebiam e anunciavam suas profecias em momentos de transe mediúnico e alguns, como acontece até nos dias de hoje, nem compreendiam ou se lembravam do que haviam revelado. Outros, entretanto, não só viam em suas telas mentais os acontecimentos futuros, como os entendiam perfeitamente, conhecendo os motivos que os faziam acontecer.

A qualidade mediúnica da profecia, portanto, existia em diversos homens e mulheres, de diferentes povos e castas e, da mesma forma que os astrólogos utilizavam sua ciência, assim também os profetas utilizavam suas impressões mediúnicas de acordo com seu livre-arbítrio.

Profetas (ou médiuns) evoluídos espiritualmente recebiam inspiração de bons e elevados espíritos, que os informavam da sublime tarefa evolutiva do planeta; médiuns ligados à utilização das suas faculdades mediúnicas em troca de favores e prazeres materiais recebiam a orientação e inspiração de entidades espirituais afins.

Capítulo 05

O Maior Profeta

"E eu lancei-me a seus pés para o adorar, mas ele disse-me: Olha, não faças tal; sou um servo como tu e teus irmãos possuidores do testemunho de Jesus; Adora a Deus; porque o testemunho de Jesus é o espírito de profecia."
(Apocalipse 19:10)

No plano traçado para a evolução da Terra, muitos profetas (médiuns) viveram em regiões e épocas previamente estabelecidas e, como condutores da humanidade, transmitiram suas mensagens a determinados povos. Suas revelações destinavam-se a aldeias ou nações e restringiam-se a algumas regiões. Como havia um respeito muito grande por esses profetas, suas palavras eram consideradas sagradas e, embora nem sempre compreendidas na sua essência, eram anotadas em manuscrito e reverenciadas pela tradição das gerações seguintes. Eles foram importantes em nosso progresso, não pelas suas realizações materiais, mas sim pelas suas mensagens oriundas do plano superior, auxiliando os povos, apesar de todos os percalços, a seguirem por um caminho seguro.

Alguns desses visionários profetizaram que a humanidade, que caminhava de acordo com a supervisão de uma Vontade Suprema, seguindo uma linha cíclica evolutiva, receberia, no plano físico, em uma determinada época, de acordo com conjunções astrológicas e inspirações mediúnicas, Aquele que seria o redentor da humanidade, que libertaria o homem da escravidão dos sentidos e do erro, levando-o para habitar por toda a eternidade o reino da paz, da harmonia e do amor: Jesus, o maior profeta que nosso mundo já conheceu.

Magos, astrólogos, iniciados e sacerdotes de muitas seitas e credos anteviram a vinda do Messias, e muitas profecias foram feitas a esse respeito. Embora estivessem os astros dispostos no céu da mesma forma visível para todos, muitas foram as interpretações sobre quando e como seria esse momento. E, apesar das inspirações mediúnicas indicarem aos profetas a genealogia, a região e o povo escolhido para o advento do grande Espírito, muitos se confundiram e não se prepararam para o grande momento.

A história profana não nos traz muitos fatos referentes a essa época, mas a literatura espírita é rica e abundante em fatos e elucidações históricas, que seriam de bom alvitre aos interessados na pesquisa e no conhecimento dos livros que retratam o período que enfocamos.

Capítulo 06

A Preparação

*"Quem tem ouvidos ouça o que o Espírito
diz às Igrejas: Ao que vencer, dar-lhe-ei a
comer da árvore da vida que está
no momento do paraíso de Deus."*
(Apocalipse 2:7)

Segundo o plano cuidadosamente traçado pela Espiritualidade de esferas mais sublimes que a nossa, muitos espíritos encarnaram em nosso planeta para impulsionar a humanidade e prepará-la para o entendimento das mensagens de Jesus. Muitos desses irmãos criaram comunidades, onde as normas de conduta, já naquela época, eram o respeito pelo semelhante, a caridade e o amor. Embora vivessem sujeitos às regras e às leis vigentes em seus países, tinham, com relação à parte espiritual, suas próprias normas de conduta e ação.

Além das "Escolas de Sabedoria" do Egito e da Caldéia, os Essênios[1] e os Terapeutas tiveram uma participação ativa nesse processo.

Com todo o planejamento que antecedeu a encarnação do Mestre da Galiléia e devido à grandeza desse espírito, podemos supor que a formação do grupo de seguidores mais próximos do Cristo, os apóstolos e os que formaram o colégio messiânico, não fora ocasional ou fortuita. Esses seguidores estavam qualificados para o importante e valoroso teste em que muito haveriam de dar em favor do cristianismo nascente e, embora não recordassem o planejamento e as metas

---

1- No romance "A Grande Espera", ditado pelo espírito de Eurípedes Barsanulfo à médium Corina Novelino - 1ª edição IDE, 1991, narra-se uma bela história dessa comunidade. Citações também são encontradas no "Evangelho Segundo o Espiritismo" de Allan Kardec, no capítulo introdutório. Ed. Boa Nova, 2004 (nota do autor)

desenvolvidas no plano astral, realizadas com a presença e anuência de todos, traziam em si a certeza intuitiva, arraigada em seus corações, que os impelia, corajosos, aos objetivos propostos.

A presença de Jesus, em meio a todos, impregnava o ambiente de uma divina fragrância, dando uma vaga lembrança de esferas felizes já conhecidas por aqueles que sentiam a Luz Divina em seu interior.

O Cristo conferiu a todos os ensinamentos necessários para que cada um realizasse sua parte na grande tarefa e ampliou-lhes, com o poder e a autoridade que possuía como Governador Espiritual do planeta, suas faculdades mediúnicas, fazendo de cada membro de seu grupo messiânico um medianeiro da Vontade Divina, um visionário ou um profeta. Do cumprimento de cada atividade específica na grande obra, como Jesus havia previsto, originaram-se grandes feitos, imortalizando a sua mensagem.

Muitos dos primeiros cristãos visionaram

épocas futuras, mas um, em particular, teve especial tarefa nesse sentido e até nos dias atuais é motivo de estudo e muitas controvérsias. Falamos de João, o discípulo amado, o Evangelista, aquele que sob inspiração do Altíssimo recebeu a visão de épocas futuras, registrando-as, simbolicamente, no evangelho do Cristo como o Apocalipse, ou o final dos tempos.

Julgamos importante, para refletirmos sobre as profecias do Apóstolo João, o Evangelista, o conhecimento da índole desse excepcional estandarte do cristianismo e do momento em que viveu em nosso meio, deixando as pegadas do seu caminho de Luz e fé para toda a humanidade que, com o Cristo, aprendera a amar.

Capítulo 07

Exemplos

*"Depois dessas coisas, olhei, e eis aqui uma
multidão, a qual ninguém podia contar,
de todas as nações, e tribos, e povos, e
línguas, que estavam diante do trono
e perante o Cordeiro, trajando vestes
brancas e com palmas nas suas mãos."*
(Apocalipse 7:9)

João era o mais jovem de todo o grupo apostolar. Representava o ardor juvenil daqueles que fazem da Vontade Divina a trilha a ser seguida. Em Jesus, encontrava toda a esperança e as metas de felicidade. Em sua inocente forma de viver e ver o mundo, cercava-se do Mestre desfrutando da paz, procurando preparar-se para enfrentar as vibrações pesadas e antagônicas dos espíritos ainda turvos, nublados pelo véu da ignorância, que abundavam no planeta. Era a voz da alegria e da esperança em todas as sublimes reuniões do colégio apostolar e, em sua aura, resplandecia o recíproco amor do Mestre por ele.

Após o traumático acontecimento do calvário, como se despertando de um mágico sonho, João vislumbrou um mundo necessitado de amor e compreensão que, segundo as palavras de seu querido Amigo, não era composto por homens maus, e sim por espíritos ignorantes das leis divinas.

Ainda sob o impacto revelador da cruz fratricida, João, amparando aquela que através do sublime dom da maternidade trouxera ao mundo físico Jesus, ouve do seu inesquecível Mestre a indicação dos seus passos para mais um período de aprendizado: "-Mãe, eis aí teu filho". E acentuando o olhar ao jovem apóstolo, conhecendo e indicando o trabalho que deveria ser feito junto a Maria, acompanhando-a até o momento de sua transição, brandamente o alerta: "-Filho, eis aí a tua mãe".

João cumprira, com amor, a determinação de seu inesquecível mestre e amigo. Junto com Maria, continuou a espargir a Luz através dos ensinamentos do Cristo.

Em Éfeso, em consonância às salutares vibrações do oceano, estabeleceram-se, e ali, a Luz se fez de uma forma muito intensa. O valoroso espírito de Maria, aliado à energia amorosa de João, disseminou o Evangelho, pregando, instruindo, curando corpos e almas, dando cumprimento à tarefa de implantação dos alicerces do cristianismo redentor.

O amor de Maria por seu filho Jesus ampliara-se de tal forma que ela o sentia na humanidade inteira: todos se tornaram filhos de seu coração e, no seu auxílio incessante a todos os necessitados de pão e vida, sentia-se unida a Deus e ao Cristo.

João aprendera com Jesus o amor incondicional para chegar ao Pai; e com Maria, a renúncia sem limites, por amor àquele que era o caminho, a verdade e a vida.

Feliz e iluminado foi para João o período ao lado de Maria, mas, como o Grande Plano deveria seguir seu curso, Maria voltou às regiões felizes do Astral, de onde havia saído, continuando seu trabalho por toda a humanidade, que em seu coração elevara junto a si, promovendo-a como a sua grande família.

Capítulo 08

O Isolamento

"Eu, João, que também sou vosso irmão e companheiro na aflição, e no Reino, e na Paciência de Jesus Cristo, estava na ilha chamada Patmos, por causa da palavra de Deus e pelo testemunho de Jesus Cristo."
(Apocalipse 1:9)

Após a desencarnação de Maria de Nazaré, João colocou novamente, com a humildade e a devoção de sempre, sua vida e seu destino nas mãos do Divino Senhor, aguardando as orientações que receberia, mediunicamente, para a continuidade de sua tarefas.

Nessa época de nossa narrativa, partindo de Roma, por motivos políticos e patrocinada pelas grandes legiões de espíritos inferiores, iniciava-se uma grande perseguição aos cristãos.

Os valorosos espíritos que haviam encarnado para disseminar as grandes verdades concebidas por Jesus tombavam nas arenas, nos circos e nas prisões, demonstrando a todos as qualidades da fé que abraçavam e a firmeza que se obtinha quando se aceitava a verdadeira doutrina do Cristo, na sua pureza, sem os dogmas e retoques do sacerdócio organizado de todos os tempos.

Os registros históricos apontam que homens, mulheres, crianças e velhos, todos aqueles acusados de professar a fé cristã, eram martirizados. Famílias inteiras foram dizimadas e mais uma vez na história de nossa humanidade as trevas tentaram ocultar a luz.

Tentaram... Mas não conseguiram.

Se é que houve uma época em que o Criador tencionasse acabar com o nosso mundo, bem que poderia ter sido essa.

Havia Ele enviado seu querido filho, nosso irmão maior, Jesus, para a grande tarefa de amor, junto com muitos elevados companheiros que foram, a princípio, recebidos sem maiores distinções; mas, após o desenvolver de suas tarefas de disseminação da verdade, chocaram-se com os interesses mesquinhos e egoístas dos homens de então, e todos foram repudiados e atacados de diversas formas.

Para o cristão dessa época, o mundo parecia estar chegando ao fim, pois as perspectivas eram as mais lúgubres possíveis. Entretanto, guardavam ainda em si a semente da Esperança de que o Evangelho do Cristo seria semeado em muitos corações e, pelo adubo da fé, germinaria por toda a humanidade.

Nessa época, João, o último dos apóstolos diretos do Mestre continuava espargindo a boa nova, mesmo com dificuldades, pois se encontrava em adiantada idade. Era constantemente vigiado por espiões do Império Romano, que esperavam uma oportunidade para eliminar o influente pregador. E só não o faziam abertamente pelo grande respeito que esse valoroso apóstolo infundira em todos, e pelas consequências políticas que tal ato poderia ocasionar.

Após várias tentativas infrutíferas de eliminar o grande cristão, decidiu, então, o Império, isolá-lo do contato com as massas, exilando-o em Patmos, uma pequena, árida e deserta ilha grega, localizada no Mar Egeu.

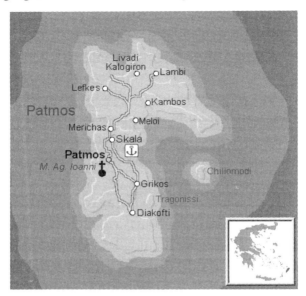

Durante muito tempo permaneceu o doce profeta nessa inóspita ilha, onde a vegetação era escassa e o lugar desprovido de habitantes, além da pequena guarda que o assistia. Isso lhe ofereceu o isolamento necessário para a meditação e o preparo que antecedeu o glorioso fecho do Evangelho do Cristo: as profecias do apocalipse, recebidas e ditadas pelo maior visionário que, após Jesus, o mundo já teve.

Capítulo 09

A Mensagem

"Escreve as coisas que tens visto, e as que
são, e as que depois destas hão de acontecer."
(Apocalipse 1:19)

Durante anos João permaneceu exilado na ilha de Patmos, amando e servindo, em espírito, às diversas igrejas e comunidades cristãs que oravam por sua segura, bondosa e sábia orientação.

Sentindo Roma a grandeza desse ser e a inutilidade das tentativas de eliminá-lo, libertou-o, então. De imediato retornou João à sua querida Éfeso, onde doces e meigas recordações bafejavam seu coração, além da congregação cristã nessa cidade estar em grande expansão e atividade.

Embora junto à sua comunidade e cercado de toda a atenção possível, os laços de amor e afinidade surgidos com aquela pequena porção de terra, isolada no distante oceano, onde passara momentos de profundo êxtase em comunhão com a natureza, fizeram com que voltasse àquele recanto diversas vezes. Lá, por vontade do Altíssimo, seria o abençoado local onde, pela excepcional faculdade mediúnica de João, o mundo receberia as sagradas profecias, que dariam margens a inúmeras interpretações, até os dias de hoje.

No Novo Testamento, ou Evangelho, encontramos o capítulo intitulado "o Apocalipse", no qual a linguagem que João, o Evangelista, utilizou para traduzir os acontecimentos que se mostraram à sua retina espiritual é simbólica, para que conservasse sua mensagem através dos séculos e fosse, aos poucos, sendo esclarecida, à medida que os homens evoluíssem em entendimento e amor.

Sendo uma mensagem simbólica e, durante muitos anos apenas reproduzida e explicada por sacerdotes afeitos às regras de uma sociedade materialista e muito ligada à ideia do pecado e seus castigos, passou-se, então, uma imagem terrível dos acontecimentos apocalípticos, fazendo-se sentir, pela simples pronúncia de tais textos, uma impressão negativa, imperando destruições e grandes aflições.

Conhecendo um pouco mais sobre a história do profeta do apocalipse e refletindo sobre ela, não podemos conceber que tamanho espírito, propagador em toda sua vida do mais puro exemplo cristão, no qual o amor pela natureza, pelos homens e por tudo criado excede a nossa compreensão, tenha deixado semelhante aviso, semeando pânico e desalento.

Torna-se um contrasenso imaginarmos essa alma espalhando o terror e a desarmonia na mente de milhões de seres que ele, a exemplo de Jesus, tanto amou.

Mas, na história religiosa, não foi esse o consenso e, durante séculos, a ideia temível de cataclismos e destruição, como fim de nosso mundo, tem prevalecido e, viventes que fomos, pela reencarnação, em muitas épocas no decorrer dos séculos, essas ideias criaram raízes em nossos espíritos, gerando dantescas imagens em nosso inconsciente, explicando, dessa forma, o temor que sugerem os primeiros períodos da transição milenar em que estamos vivendo.

Podemos dizer que não só a mensagem apocalíptica tornara-se incompreendida, mas sim todo o Evangelho do Mestre Jesus, manipulado através do tempo por interesses indignos e sem o comprometimento da verdade.

Somente em meados do século XIX, através do esplêndido trabalho de Allan Kardec, é que a humanidade pôde iniciar um novo período de entendimento e vivência das máximas cristãs. E a partir desse entendimento, baseado na codificação de Allan Kardec e posteriores revelações, é que podemos arguir algumas considerações a respeito das previsões sobre o fim do mundo.

Capítulo 10

Nosso Mundo

*"Eu sei as tuas obras, eis que diante de ti pus
uma porta aberta, e ninguém a pode fechar,
tendo pouca força, guardaste a minha
palavra e não negaste o meu amor."*
(Apocalipse 3:8)

No início de nosso relato, quando nos referimos aos pequenos núcleos povoados, então nascentes em nosso planeta, mostramos que o mundo, para eles, era aquele pequeno espaço do planeta e de terra que possuíam, e como nada mais além conheciam, acreditavam cegamente que ali se resumiam suas vidas e nada mais existia. Por tudo ser desconhecido fora do seu pequeno mundo, sentiam certo temor das mínimas coisas que fugissem à sua compreensão. Qualquer fenômeno da natureza, como fortes ventanias, trovões, relâmpagos e outros, por desconhecer-lhes a origem, afligia-lhes e, não raras vezes, viviam isolados e escondidos, por total receio.

O que acontece, por analogia, com muitos de nós na atualidade, guardadas as devidas proporções, é a mesma coisa. Vivemos na nossa cidade, no nosso país e hoje, pela globalização que a tecnologia nos impõe, em nosso planeta.

Embora já seja do nosso conhecimento que o universo é muito vasto e que existe uma quantidade inimaginável de corpos celestes, muitos ainda preferem acreditar que a vida exista somente aqui, em nosso planeta, e que, portanto, o seu "mundo" resuma-se tão somente à sua pequena aldeia, a Terra.

Se a afirmação de Jesus: "Na casa de meu Pai há muitas moradas"[2] foi, durante séculos, mal-interpretada, através do escla-

---

2 - *João, cap. XIV vers. 2*

recimento dos espíritos, pela codificação de Allan Kardec, tornou-se muito clara, apesar do esquecimento de muitos.

Citamos, para reforçar a ideia, a questão número cinquenta e cinco de "O Livro dos Espíritos",[3] na qual Kardec pergunta aos espíritos se todos os globos que circulam no espaço são habitados, obtendo a seguinte resposta:

- Sim, e o homem da Terra está longe de ser, como crê, o primeiro em inteligência, em bondade e em perfeição. Todavia, há homens que se crêem muito fortes, que imaginam que somente seu pequeno globo tem o privilégio de abrigar seres racionais. Orgulho e vaidade! Julgam que Deus criou o Universo só para eles.

Na referida obra, após essa resposta, encontramos a conclusão de Kardec:

"Deus povoou os mundos de seres vivos, concorrendo todos ao objetivo final da Pro-

---

3 - Ed. Boa Nova, 2004, pág. 66.

vidência. Acreditar que os seres vivos estão limitados ao único ponto que habitamos no Universo, seria pôr em dúvida a sabedoria de Deus, que não fez nada inútil; ele deve ter determinado para esses mundos um fim mais sério que o de recrear nossa visão. Nada, aliás, nem na posição, nem no volume, nem na constituição física da Terra, não pode razoavelmente fazer supor que só ela tenha o privilégio de ser habitada, com exclusão de tantos milhares de mundos semelhantes".

O espírita ou o espiritualista não têm como não entender essas respostas e pode concluir que o planeta em que vivem no momento, não é o único e, portanto, o mundo deve ser encarado como todo o universo, uma obra sem fim que, na atual fase de nossa evolução espiritual, não conseguimos compreender totalmente.

Ainda na mesma linha de raciocínio, uma dúvida aflora hoje na mente de muitos devido ao fato de que o homem chegou à Lua e nenhuma civilização foi encontrada. Aparelhos que registram e nos transmitem imagens chegaram a Marte e a lugares distantes do universo e, até agora, nada encontraram. Onde estão, essas humanidades?

Primeiro nos referimos à imensidão de globos e do espaço e, depois, a essa questão de número cinquenta e sete, ainda do mesmo livro citado:[4]

P: A constituição física dos mundos não sendo a mesma para todos, seguir-se-á para os seres que os habitam organização diferente?

R: Sem dúvida, como entre vós os peixes são feitos para viverem na água e os pássaros no ar.

Para finalizarmos as citações nesse capítulo, transcrevemos um trecho do livro "Renúncia", ditado pelo espírito de Emmanuel, pela psicografia de Francisco Cândido Xavier, que elucida ainda melhor o assunto em foco:

"Em seguida, tomou sua roupagem de luz e afastou-se da paisagem nevoenta, dando a impressão de uma estrela solitária que

---

4 - O Livro dos Espíritos. Ed. Boa Nova, 2004, pág. 66

regressava ao paraíso.

Pouco depois, ei-la que aporta em portentosa esfera, inconfundível em magnificência e grandeza. O espetáculo maravilhoso de suas perspectivas excedia a tudo que pudesse caracterizar a beleza, no sentido humano. A sagrada visão do conjunto permanecia muito além da famosa cidade dos santos, idealizada pelos pensadores do Cristianismo. Três sóis rutilantes despejavam no solo arminhoso oceanos de luz mirífica, em cambiâncias inéditas, como lampadários celestes acesos para edênico festim de gênios imortais. Primorosas construções, engalanadas de flores indescritíveis, tomavam a forma de castelos talhados em filigrana dourada, com irradiações de efeitos policromos. Seres alados iam e vinham, obedecendo a objetivos santificados, num trabalho de natureza superior, inacessível à compreensão dos terrícolas."

Capítulo 11

Sintonia

*"E eis que estou à porta e bato; se alguém ouvir
a minha voz e abrir a porta, eu entrarei em
sua casa e com ele cearei, e ele, comigo."*
(Apocalipse 3:20)

Uma vez aceitando a existência de uma quantidade interminável de mundos e suas humanidades, em diferentes estágios evolutivos, tanto no aspecto físico como no espiritual, podemos questionar sobre quem evolui: se somente a humanidade ou também o orbe.

Percebemos o universo como uma enorme morada e sabemos que nossa evolução se dará por sucessivas vidas, não só no planeta Terra, mas também em outros mundos mais avançados que o nosso, que, além de abrigar provas e o aprendizado necessário a estágios superiores de compreensão, trazem em si elevadas comissões, que têm como objetivo auxiliar os irmãos em mundos evolutivamente inferiores.

Da mesma forma que observamos na natureza um processo harmonioso e cíclico, como o de preparar o solo, semear, adubar, regar e finalmente colher e saborear os frutos, assim também acontece com os planetas.

Da mesma forma que a ciência material nos demonstra a evolução física do nosso orbe, iniciada num caos de explosões, gases e fogo até chegarmos às condições propícias para a vida que hoje encontramos, assim também a ciência espírita nos ensina que os mundos, espiritualmente, evoluem.

Se atentarmos às primeiras civilizações e aos registros de seus feitos, concordaremos que a barbárie imperava e que quase nenhum sentimento de afeto e fraternidade havia nos seres.

Mesmo com muitas tragédias se desenrolando no palco da vida, através dos séculos, o mais pessimista dos seres terá de admitir – se analisar com critério e sinceridade –, que a humanidade de hoje, na sua média, é muito mais evoluída espiritualmente do que há quinhentos, mil ou dois mil anos.

Poderão citar guerras e calamidades em várias partes do planeta, indicar epidemias e doenças até o momento incuráveis, flagelos destruidores, a fome sentida em uma extensa área do planeta, mas perguntamos: isso não ocorreu sempre?

Vamos ver esse fato questionado por Allan Kardec ao Espírito da Verdade, contido em O Livro dos Espíritos, questão 737:[5]

P: Com que objetivo Deus atinge a Humanidade por meio de flagelos destruidores?

R: Para fazê-la avançar mais depressa. Não vos dissemos que a destruição é neces-

---

5 - "O Livro dos Espíritos". Ed. Boa Nova, 2004, p. 294.

sária para a regeneração moral dos Espíritos, que adquirem, a cada nova existência, um novo grau de perfeição? É preciso ver o fim para lhe apreciar os resultados. Não os julgais senão sob o vosso ponto de vista pessoal e os chamais de flagelos por causa do prejuízo que vos ocasionam. Mas esses transtornos são, freqüentemente, necessários para fazer alcançar, mais prontamente, uma ordem melhor de coisas, e em alguns anos, o que teria exigido muitos séculos.

Hoje, devido à informação e à comunicação quase instantânea. Ficamos sabendo o que acontece nos quatro cantos do planeta em riqueza de detalhes, e se nos sintonizarmos somente com esse lado negativo dos acontecimentos, sem dúvida, essa será a nossa realidade.

Podemos então refletir: e quanto ao lado positivo dos acontecimentos? Em que época da humanidade se criaram tantas organizações internacionais de combate à fome e à miséria? E a luta pelos direitos humanos, tão enfatizada atualmente?

O fato da maioria da humanidade poder viver com liberdade de pensamento e expressão, não é um avanço? Em que outra época do planeta se formaram tantos grupos interessados na preservação das espécies e da natureza, de uma forma geral?

Quando a busca espiritual esteve tão intensa no seio das grandes massas, em diferentes continentes, unindo-os pelo mesmo ideal de amor e fraternidade?

Tudo é uma questão de sintonia, de analisarmos e ligarmos nosso receptor mental na frequência correta.

Chega o momento profetizado por João, com dois mil anos de antecedência. O momento da grande transformação, que se realizará, não de um momento para outro, nem de uma forma brusca, mas de uma forma sistemática e inflexível, na qual nosso planeta, que abrigou até então uma humanidade mesclada de seres em processo de expiação de suas faltas, transformar-se-á em uma nova morada de regeneração, onde os antigos conflitos e suas decorrentes nuvens de energias deletérias serão, definitivamente, banidas de sua esfera.

Capítulo 12

Falsos Profetas

*"Lembra-te, pois, do que tens recebido e ouvido,
e guarda-o, e arrepende-te. E, se não vigiares,
virei sobre ti como um ladrão, e não
saberás a que hora sobre ti virei."
(Apocalipse 3:3)*

Na transformação que vem sendo feita, e que continuará ocorrendo no planeta, todos nós ainda estaremos sendo testados em nossa fé e em nossa determinação em aplicar os conceitos espirituais, ensinados e exemplificados por Jesus, para que se processe a antiga profecia do Cristo: separar o joio do trigo.

Essa separação, simbolizada pelo joio – uma gramínea que não serve para a alimentação, e nasce no meio dos pés de trigo, elemento importante na manutenção da vida, demonstra o que deve ocorrer em termos espirituais com aqueles que tentam impedir que o Evangelho, o alimento do espírito, germine e sacie os que têm "fome e sede da verdade".

Comparando nossa concepção de tempo com a eternidade, podemos concluir que não há nenhuma necessidade de que essa separação ocorra de uma forma drástica ou abrupta. Todos nós, mais cedo ou mais tarde, iremos desencarnar, e o "mundo" então, para nós, chegará ao seu fim.

Nos planos astrais próximos à crosta terrestre, harmoniosamente, a separação dos espíritos já vem sendo feita. Espíritos ainda ligados à animalidade, nos quais as sementes do amor ainda não germinaram, são encaminhados a outros mundos que se afinizam à sua faixa evolutiva; enquanto os outros, que "perseveraram na fé", continuarão reencarnando neste orbe, contribuindo para o surgimento de uma nova humanidade, nesse novo milênio.

Ainda nesta época, surgem aos montes os "falsos profetas", assim como no passado, tentando aproveitar-se da ignorância e da credulidade de muitos para impor suas vontades na satisfação de desejos egoístas e menos dignos.

Também no nosso meio surgem e surgirão espíritos e espíritas equivocados, que tentarão conduzir outros cegos aos despenhadeiros da ilusão, fazendo-nos lembrar da séria advertência do grande arauto divino: "Amado, não creias a todo espírito, mas provai se os espíritos são de Deus."

Assim como no passado, embora os "sinais nos céus" sejam iguais para todos, as profecias divergem no entendimento e na sua explicação.

Reportemo-nos mais uma vez a Jesus, lembrando sua existência em nosso meio como um farol, a sinalizar o porto seguro de nossa longa viagem. Meditemos sobre todo o trabalho e planejamento desenvolvido pelos anjos siderais para nosso aperfeiçoamento e evolução e, utilizando um pouco mais a razão, reflitamos que, se somos parte da divindade, frutos de seu pensamento e vontade, criados à sua imagem e semelhança, e se chegamos a um ponto em que tudo o que conquistamos deve ser destruído, então, dessa forma, Deus haveria falhado?

Capítulo 13

Transições

"Bem-aventurado aquele que lê, e os que ouvem as palavras desta profecia, e guardam as coisas que nela estão escritas; porque o tempo está próximo."
(Apocalipse 1:3)

No capítulo introdutório desta pequena obra foi recomendado que, em cada pensamento mais profundo, em cada capítulo, fosse feita uma reflexão que pudesse, através da intuição de cada um, trazer respostas e considerações mais ponderadas.

O humilde objetivo deste trabalho foi o de tentar insuflar na mente dos companheiros de jornada a fé, a esperança e o otimismo, que é gerado quando se acredita ser conduzido com amor por mãos sábias e justas.

Passamos todos por um momento importante em nossas vidas, no qual observamos a transição positiva de toda essa humanidade para uma vida mais consonante aos preceitos humanitários e evangélicos.

O mundo que acabará, no nosso entender, será o da iniquidade, o da injustiça, o da escravidão dos fracos pelos poderosos, o da miséria e da ignorância, dando surgimento ao novo planeta, refeito em suas energias básicas, dando a todos o berço de paz, compaixão e amor pelo qual há tantos milênios ansiamos.

A assertiva do Mestre, de que haverá um só pastor e um só rebanho, aproxima-se e, em breve, nosso querido planeta estará vibrando em uma nota mais harmônica na sinfonia universal.

Baseamos nossas análises no filtro da doutrina espírita e no Apocalipse de João, o Evangelista, e é justo findarmos este trabalho citando-o, na descrição respeitosa e amorosa do espírito Miramez, concluindo, desta forma, nossa modesta opinião sobre tão importante assunto:

"Cristo colocou João numa ilha pequena, como se fosse um barco no Mediterrâneo, para que Ele pudesse falar, por intermédio desse medianeiro, das coisas que haveriam de vir. E eis o Apocalipse!"

"Nem o céu, nem a Terra poderão modificar esse roteiro, porque está fundamentado na Lei Maior. Faz parte da evolução das criaturas e o mundo não vai acabar, como instigam os falsos profetas. Nada se acaba, como a própria ciência confirma, porém se transforma sempre para melhor, alcançando valores mais dignos. O temor é próprio da inferioridade, e é por essa e outras falhas humanas que o Cristo nos ensina a exercitar a fé, a confiança em Deus e a nos apoderarmos de toda a certeza de que Ele é todo Amor e sabedoria. A sua onisciência nos garante a eterna confiança nos seus desígnios e a sua justiça nos sustenta na maior alegria de viver.

Guerras, pestes, fomes e calamidades de toda ordem são meios usados por Deus para a educação dos espíritos – essa é a marcha do progresso desde o vírus até as constelações. O homem da Terra está próximo de se libertar dos meios grosseiros que a evolução tem usado para disciplinar os ignorantes. Eis que os fins destes correspondem ao último vestibular para os seres da boa vontade, para as almas amadurecidas nas hostes do bem. E depois, o terceiro milênio abrirá outras portas, para os que ficarem na Terra, vivendo em outra dimensão, em termos de justiça, onde haverá leite e mel com abundância, no qual o Amor corresponderá ao centro de todos os sentimentos da humanidade."[6]

---

6 - *"Francisco de Assis". João Nunes Maia, pelo espírito Miramez, Editora Cristã Fonte Viva.*

Capítulo 14

Referência Doutrinária

LÉON Hippolyte Denizart Rivail nasceu em Lion, França, no dia 3 de outubro de 1804, e desencarnou em 31 de março de 1869, em Paris. Desde cedo interessou-se por todas as causas que envolvessem o bem coletivo. A paixão pelos métodos de ensino, de acordo com a escola de Pestalozzi, de quem foi discípulo, fez dele uma autoridade bem conceituada sobre assuntos educacionais, na Europa.

Em meados do século XIX, em várias localidades, um estranho fenômeno começou a ser difundido em diversas reuniões da sociedade: o das mesas girantes. Nelas, os participantes faziam perguntas e, inexplicavelmente, as mesas, sem nenhuma interferência material, andavam e saltavam, respondendo a pequenas perguntas que lhes eram feitas.

Com um raciocínio altamente científico, Leon observou que o objeto em si não poderia se mover, muito menos ter algum tipo de inteligência. Algo muito importante se manifestava, e a partir daí, resolveu pesquisar e encontrar as respostas, o que fez até o fim de sua vida.

Quando descobriu a seriedade de tal empreendimento, avisado que fora, então, pelos próprios espíritos comunicantes, resolveu utilizar o pseudônimo de Allan Kardec, para que não se confundisse seu trabalho humano com esse muito mais importante: o de ser codificador dos espíritos comandados pelo "Espírito da Verdade", trazendo uma nova luz sobre os ensinamentos de Jesus. Cumprindo assim a promessa do Cristo, chegara o consolador prometido.

Através de diversas reuniões mediúnicas sempre utilizando médiuns respeitados e equilibrados, e usando toda sua técnica de pesquisador e educador, Kardec reuniu e codificou em alguns livros todo o seu trabalho.

São eles: O Livro dos Espíritos, a parte filosófica (1857); O Livro dos Médiuns, parte experimental e científica (1861); o Evangelho Segundo o Espiritismo, a explicação das máximas morais do Cristo (1864); O Céu e o Inferno, exame comparado das doutrinas acerca da passagem da vida corporal à vida espiritual; e A Gênese, a criação do mundo e as predições (1868).

Todo aquele que deseja conhecer o Espiritismo encontra nesses volumes leituras e estudos indispensáveis.

Reprograme sua Vida e seja Feliz!

Cód. 74331

Cód. 74754

Cód. 74755

Cód. 75124

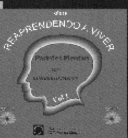
Cód. 75123

Humberto Pazian

Os livros que renovam sua vida!

O Evangelho no Lar - Prática e Vivência Espírita
Cód: 73968 | 196 pág.
Tamanho: 12x18

O Aborto Segundo o Espiritismo
Cód: 74315 | 96 pág.
Tamanho: 12x18

Livros que ajudam a ampliar a consciência, através da análise de nossas emoções e sentimentos.

Francisco do Espírito Santo Neto

boanova